Impressum
Verlag: BABADADA GmbH, Nedderfeld 112 , 22529 Hamburg
Geschäftsführer / Verlagsleitung: Harald Hof
Druck: Books on Demand GmbH, In de Tarpen 42, 22848 Norderstedt

Imprint
Publisher: BABADADA GmbH, Nedderfeld 112 , 22529 Hamburg, Germany
Managing Director / Publishing direction: Harald Hof
Print: Books on Demand GmbH, In de Tarpen 42, 22848 Norderstedt

mokykla

colegio

klasė
aula

dalinti
dividir

186/2

lenta
pizarrón

mokyklos kiemas
patio de escuela

mokytojas
maestro

popierius
papel

rašyti
escribir

rašiklis
birome

rašomasis stalas
escritorio

liniuotė
regla

knyga
libro

mokinys
alumno

kuprinė
mochila

penalas
caja de lápices

pieštukas
lápiz

drožtukas
sacapuntas

trintukas
goma (de borrar)

piešimo bloknotas
bloc de dibujo

piešlnys

dibujo

teptukas

pincel

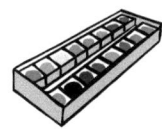

dažų dėžutė

caja de pinturas

žirklės

tijera

klijai

pegamento

vadovėlis

cuaderno de ejercicios

namų darbai

tarea

numeris

número

pridėti

sumar

atimti

restar

dauginti

multiplicar

skaičiuoti

calcular

raidė

letra

abėcėlė

abecedario

žodis

palabra

tekstas

texto

skaityti

leer

kreida

tiza

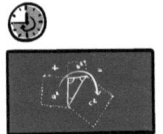

pamoka

lección

dienynas

cuaderno de clase

egzaminas

examen

pažymėjimas

certificado

mokyklinė uniforma

uniforme escolar

išsilavinimas

educación

enciklopedija

enciclopedia

universitetas

universidad

mikroskopas

microscopio

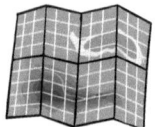

žemėlapis

mapa

šiukšliadėžė

tacho (de basura)

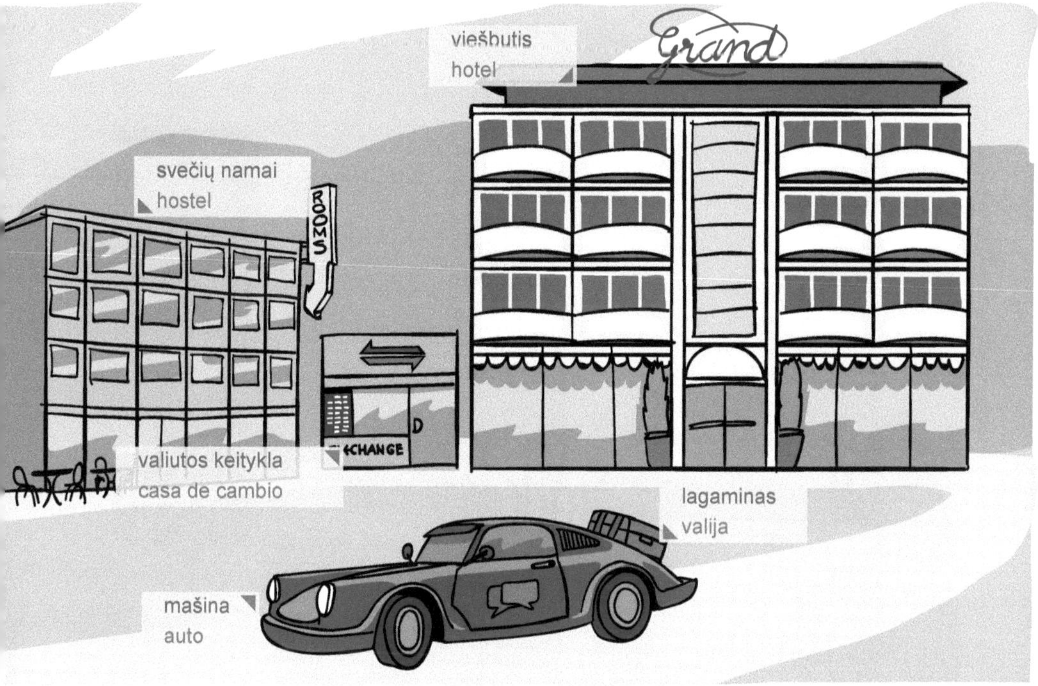

viešbutis
hotel
Grand
svečių namai
hostel
ROOMS
valiutos keitykla
casa de cambio
EXCHANGE
lagaminas
valija
mašina
auto

kalba

idioma

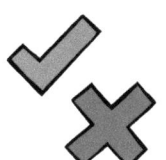

taip / ne

sí / no

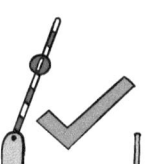

Gerai

Está bien

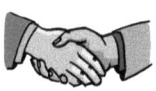

sveiki

hola

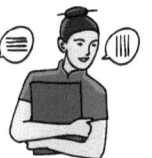

vertėjas raštu

traductor

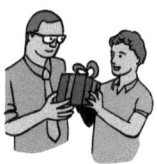

Ačiū

Gracias

kiek kainuoja...?

¿cuánto cuesta...?

aš nesuprantu

No entiendo

problema

problema

Labas vakaras!

¡Buenas tardes!

Labas rytas!

¡Buenos días!

Labos nakties!

¡Buenas noches!

viso gero

adiós

kryptis

dirección

bagažas

equipaje

krepšys

bolso

kuprinė

mochila

svečias

invitado

kambarys

habitación

miegmaišis

bolsa de dormir

palapinė

carpa

kelionė - viaje

turizmo informacija

información turística

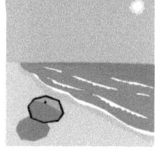

paplūdimys

playa

kreditinė kortelė

tarjeta de crédito

pusryčiai

desayuno

pietūs

almuerzo

vakarienė

cena

bilietas

pasaje

liftas

ascensor

pašto ženklas

sello

siena

frontera

muitinė

aduana

ambasada

embajada

viza

visa

pasas

pasaporte

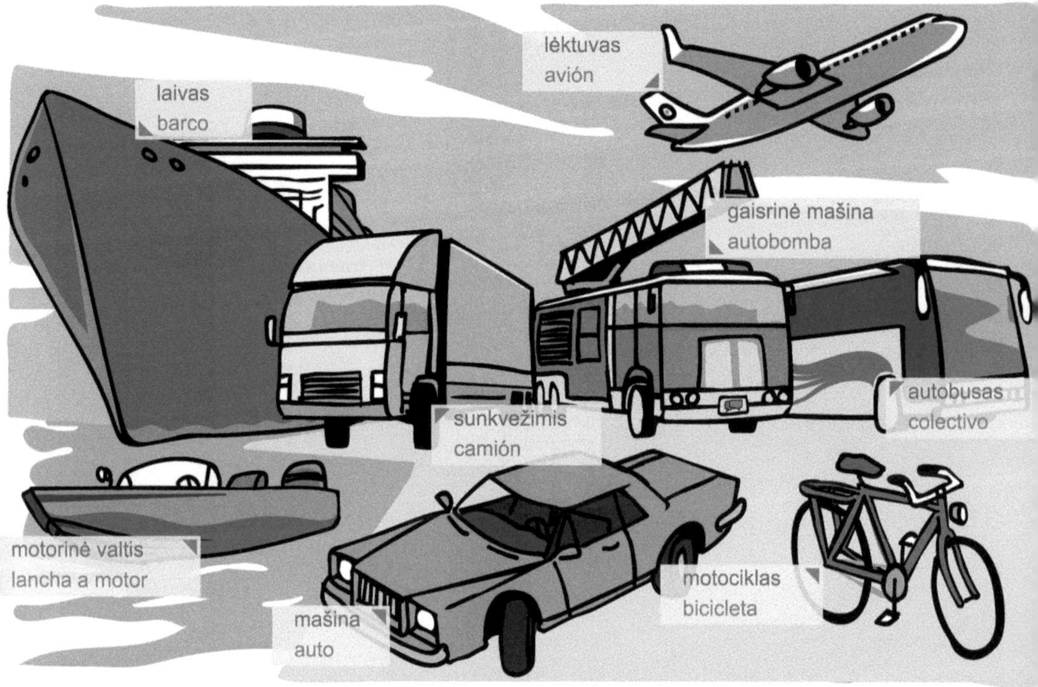

lėktuvas
avión

laivas
barco

gaisrinė mašina
autobomba

sunkvežimis
camión

autobusas
colectivo

motorinė valtis
lancha a motor

mašina
auto

motociklas
bicicleta

keltas

ferry

valtis

bote

mopedas

moto

policijos automobilis

patrullero

lenktyninis automobilis

auto de carreras

nuomojamas automobilis

auto de alquiler

bendras automobilio
naudojimas

alquiler de autos

techninės pagalbos
automobilis

grúa

šiukšliavežė

camión de basura

variklis

motor

degalai

nafta

degalinė

estación de servicio

kelio ženklas

señal de tránsito

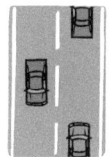

eismas

tránsito

eismo spūstis

embotellamiento

mašinų stovėjimo aikštelė

estacionamiento

traukinių stotis

estación de tren

bėgiai

vías

traukinys

tren

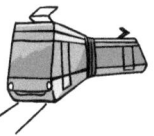

tramvajus

tranvía

vagonas

vagón

sraigtasparnis

helicóptero

oro uostas

aeropuerto

bokštas

torre

keleivis

pasajero

konteineris

contenedor

dėžė

caja de cartón

vežimėlis

carretilla

krepšys

canasta

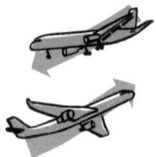

pakilti / nusileisti

despegar / aterrizar

miestas

ciudad

kaimas

pueblo

miesto centras

centro de ciudad

namas

casa

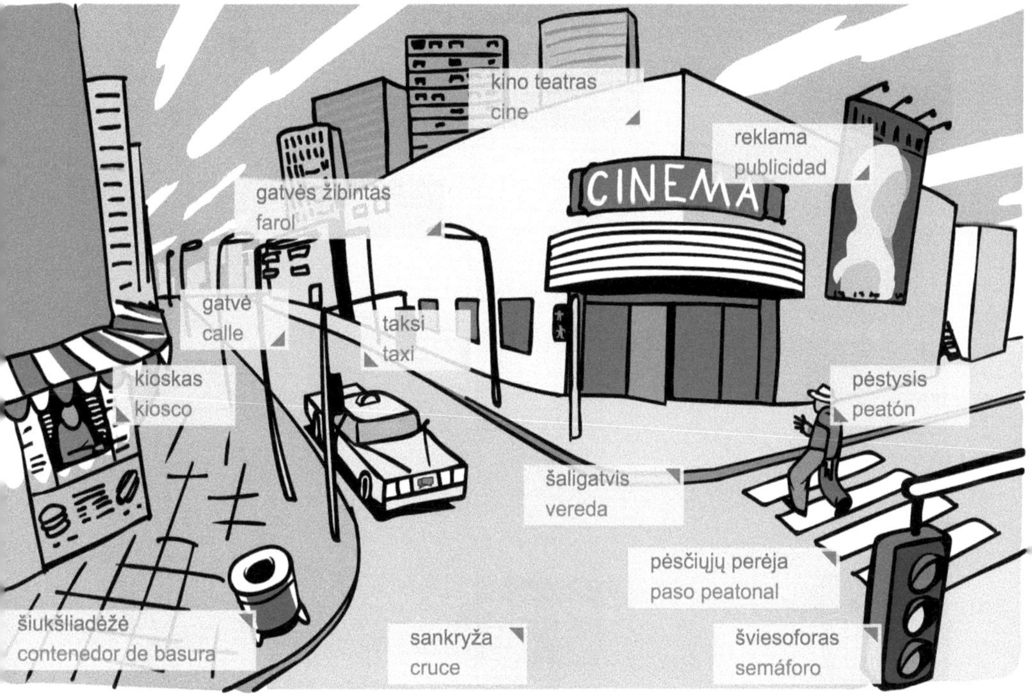

kino teatras
cine
CINEMA
reklama
publicidad
gatvės žibintas
farol
gatvė
calle
taksi
taxi
kioskas
kiosco
pėstysis
peatón
šaligatvis
vereda
pėsčiųjų perėja
paso peatonal
šiukšliadėžė
contenedor de basura
sankryža
cruce
šviesoforas
semáforo

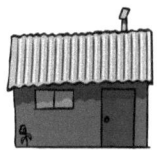

trobelė

cabaña

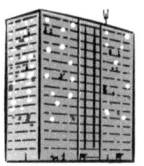

butas

departamento

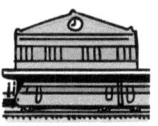

traukinių stotis

estación de tren

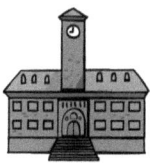

rotušė

municipalidad

MUSEUM

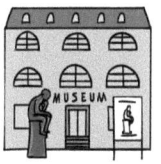

muziejus

museo

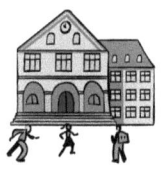

mokykla

colegio

universitetas

universidad

bankas

banco

ligoninė

hospital

viešbutis

hotel

vaistinė

farmacia

biuras

oficina

knygynas

librería

parduotuvė

negocio

gėlių parduotuvė

florería

prekybos centras

supermercado

turgus

mercado

universalinė parduotuvė

grandes tiendas

žuvies parduotuvė

pescadería

prekybos centras

centro comercial

uostas

puerto

parkas

parque

suoliukas

banco

tiltas

puente

laiptai

escaleras

metro

subte

tunelis

túnel

autobusų stotelė

parada del colectivo

baras

bar

restoranas

restaurante

lauko pašto dėžutė

buzón

kelio ženklas

letrero

parkomatas

parquímetro

zoologijos sodas

zoológico

baseinas

pileta

mečetė

mezquita

ūkininko ūkis

granja

tarša

contaminación

kapinės

cementerio

bažnyčia

iglesia

žaidimų aikštelė

juegos infantiles

šventykla

templo

kraštovaizdis

paisaje

lapas
hoja

kelio rodyklė
poste indicador

kelias
camino

pieva
pradera

akmuo
piedra

ėjikas
excursionista

medis
árbol

upė
río

žolė
hierba

gėlė
flor

slėnis
valle

kalva
montaña

ežeras
lago

miškas
bosque

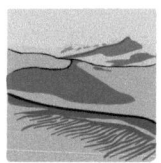

dykuma
desierto

ugnikalnis
volcán

pilis
castillo

vaivorykštė
arco iris

grybas
champiñón

palmė
palmera

uodas
mosquito

musė
mosca

skruzdėlė
hormiga

bitė
abeja

voras
araña

vabalas

escarabajo

varlė

rana

voverė

ardilla

ežys

erizo

kiškis

liebre

pelėda

lechuza

paukštis

pájaro

gulbė

cisne

šernas

jabalí

elnias

ciervo

briedis

alce

užtvanka

presa

vėjo jėgainė

aerogenerador

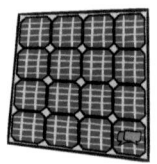

saulės baterija

panel solar

klimatas

clima

restoranas
restaurante

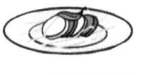

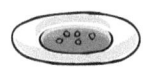

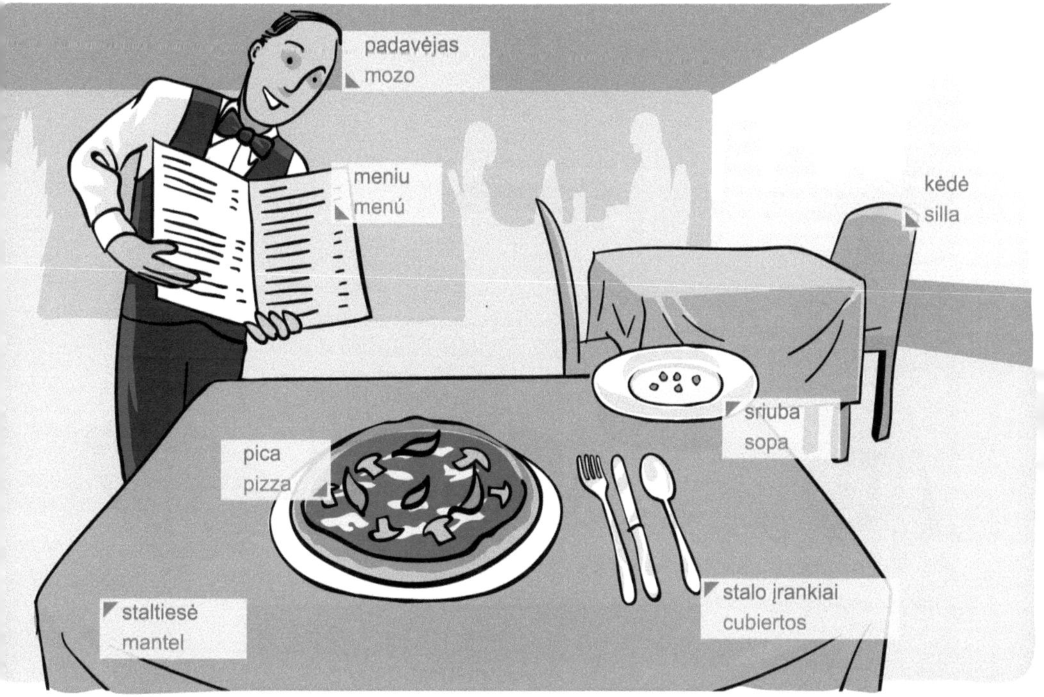
padavėjas
mozo
meniu
menú
kėdė
silla
sriuba
sopa
pica
pizza
stalo įrankiai
cubiertos
staltiesė
mantel

užkandis

entrada

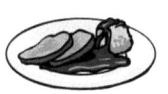

pagrindinis patiekalas

plato principal

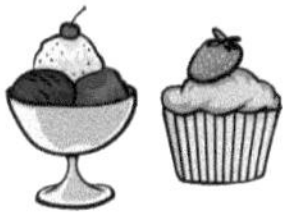

desertas

postre

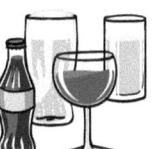

gėrimai

bebidas

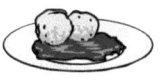

maistas

comida

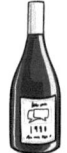

butelis

botella

greitai pateikiamas maistas

comida rápida

gatvės maistas

comida callejera

arbatinukas

tetera

cukrinė

azucarera

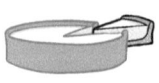

porcija

porción

espreso aparatas

cafetera expreso

aukšta kėdė

sillita alta

sąskaita

cuenta

padėklas

bandeja

peilis

cuchillo

šakutė

tenedor

šaukštas

cuchara

arbatinis šaukštelis

cucharita

servetėlė

servilleta

stiklinė

vaso

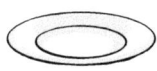

lėkštė

plato

sriubos lėkštė

plato hondo

padėklas

plato

padažas

salsa

druskinė

salero

pipirų malūnėlis

molinillo de pimienta

actas

vinagre

aliejus

aceite

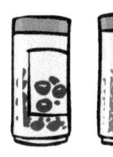

prieskoniai

especias

kečupas

kétchup

garstyčios

mostaza

majonezas

mayonesa

prekybos centras
supermercado

specialus pasiūlymas
oferta especial
FOR
pirkėjas
cliente
pieno produktai
lácteos
vaisiai
fruta
troleibusas
changuito

BUTCHERS

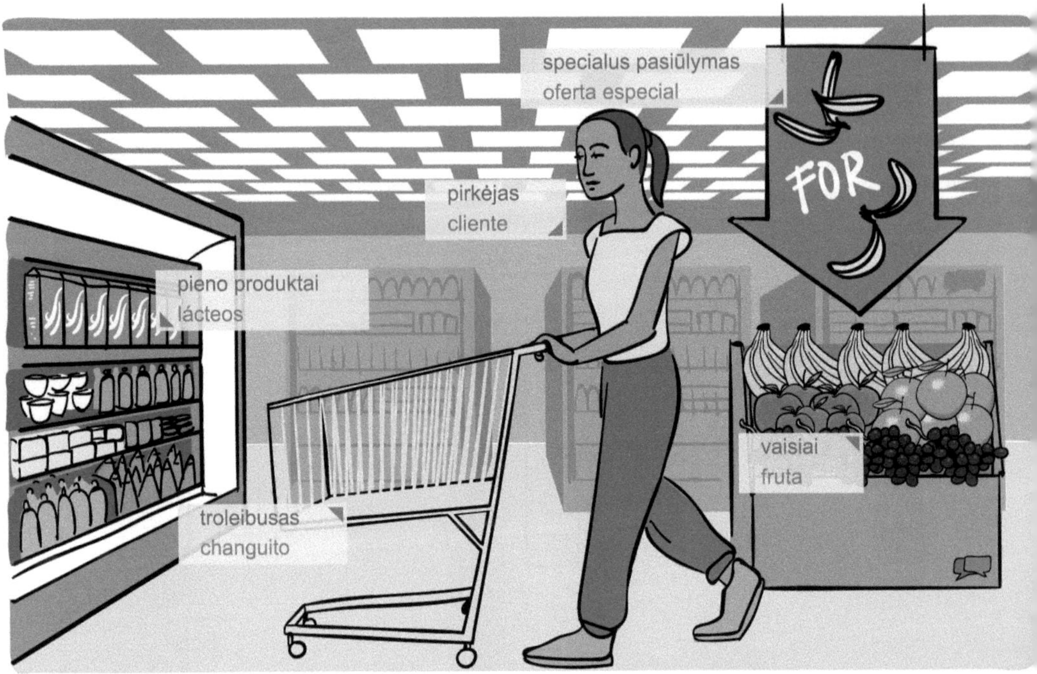

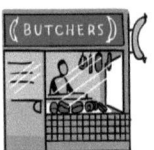

mėsos parduotuvė

carnicería

BAKERY

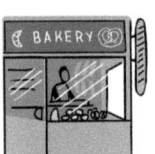

kepykla

panadería

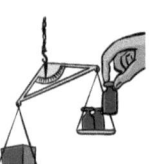

sverti

pesar

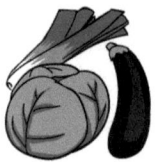

daržovės

verduras

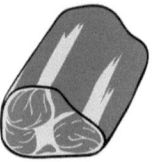

mėsa

carne

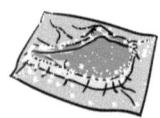

šaldytas maistas

alimentos congelados

šalti mėsos užkandžiai

fiambres

konservai

alimentos enlatados

skalbimo milteliai

detergente en polvo

saldumynai

golosinas

ūkinės prekės

electrodomésticos

valymo priemonės

productos de limpieza

pardavėja

vendedora

kasos aparatas

caja

kasininkas

cajero

pirkinių sąrašas

lista de compras

darbo valandos

horario de atención

piniginė

billetera

kreditinė kortelė

tarjeta de crédito

maišelis

cartera

plastikinis maišelis

bolsa de plástico

vanduo

agua

sultys

jugo

pienas

leche

kola

bebida cola

vynas

vino

alus

cerveza

alkoholis

alcohol

kakava

cacao

arbata

té

kava

café

espresas

café expreso

kapučinas

cappuccino

bananas

banana

obuolys

manzana

apelsinas

naranja

arbūzas

melón

citrina

limón

morka

zanahoria

česnakas

ajo

bambukas

bambú

svogūnas

cebolla

grybas

champiñón

riešutai

nueces

makaronai

fideos

spagečiai

tallarines

ryžiai

arroz

salotos

ensalada

traškučiai

papas fritas

keptos bulvės

papas fritas

pica

pizza

mėsainis

hamburguesa

sumuštinis

sándwich

pjausnys

churrasco

kumpis

jamón

saliamis

salame

dešrelė

salchicha

vištiena

pollo

kepsnys

asado

žuvis

pescado

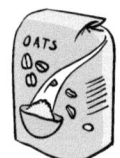

avižų dribsniai

copos de avena

dribsniai su priedais

muesli

kukurūzų dribsniai

copos de maíz

miltai

harina

prancūziškasis ragelis

medialuna

bandelė

pancito

duona

pan

skrebutis

tostada

sausainiai

galletitas

sviestas

manteca

varškė

cuajada

tortas

torta

kiaušinis

huevo

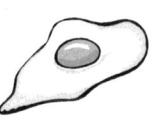

kiaušinienė

huevo frito

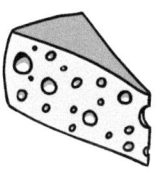

sūris

queso

ledai

helado

cukrus

azúcar

medus

miel

uogienė

mermelada

tepamas šokoladas

pasta de chocolate

karis

curry

ūkininko ūkis

granja

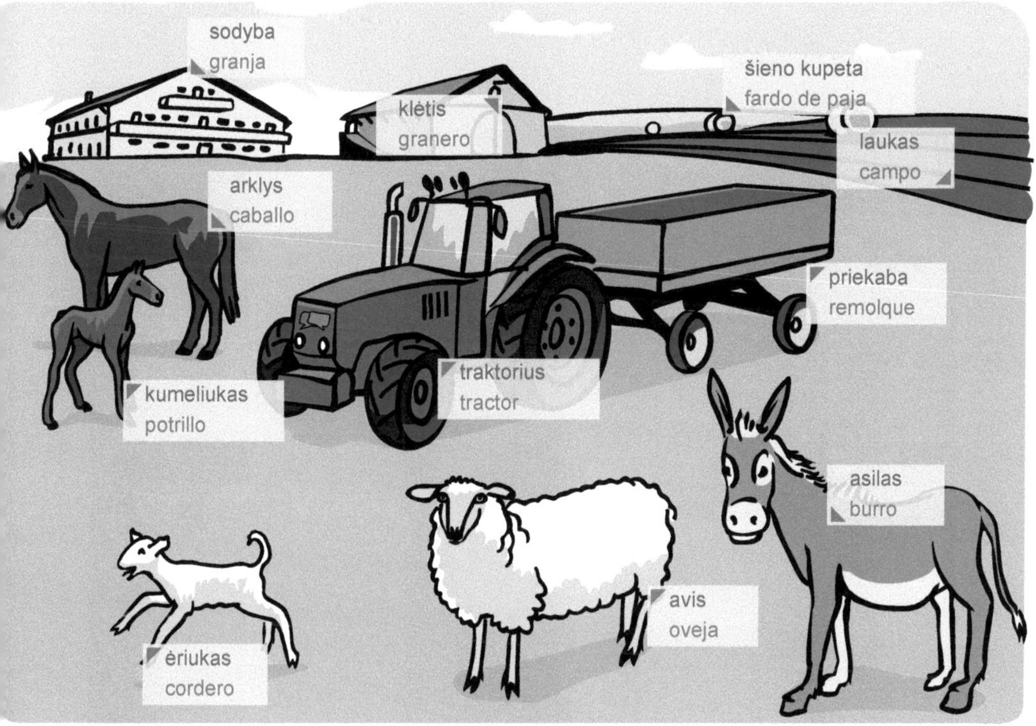
sodyba
granja
klėtis
granero
šieno kupeta
fardo de paja
laukas
campo
arklys
caballo
priekaba
remolque
traktorius
tractor
kumeliukas
potrillo
asilas
burro
avis
oveja
ėriukas
cordero

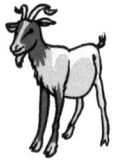

ožys

cabra

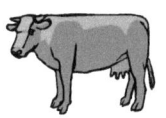

karvė

vaca

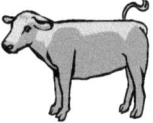

veršis

ternero

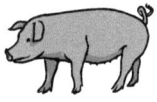

kiaulė

cerdo

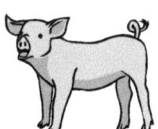

paršelis

lechón

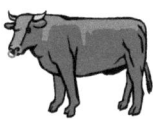

bulius

toro

žąsis

ganso

antis

pato

viščiukas

pollo

višta

gallina

gaidys

gallo

žiurkė

rata

katė

gato

pelė

ratón

jautis

buey

šuo

perro

šuns būda

cucha

sodo namas

manguera

laistytuvas

regadera

dalgis

guadaña

plūgas

arado

pjautuvas
hoz

kauptukas
azada

šakės
horquilla

kirvis
hacha

statinė
carretilla

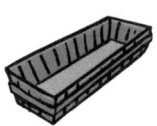

lovys
abrevadero

bidonas
lechera

maišas
bolsa

tvora
reja

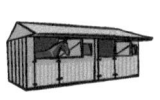

arklidė
establo

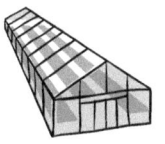

šiltnamis
invernadero

dirva
suelo

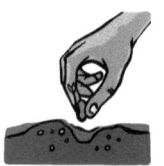

sėkla
semilla

trąšos
fertilizador

kombainas
cosechadora

rinkti

cosechar

derlius

cosecha

saldžiosios bulvės

batatas

kviečiai

trigo

soja

soja

bulvė

papa

kukurūzai

maíz

rapsai

semilla de colza

vaismedis

árbol frutal

manijokas

mandioca

grūdai

cereales

namas
casa

kaminas
chimenea
stogas
techo
stogvamzdis
caño de desagüe
langas
ventana
garažas
garaje
durų skambutis
timbre
durys
puerta
šiukšlių dėžė
tacho de basura
pašto dėžutė
buzón
sodas
jardín

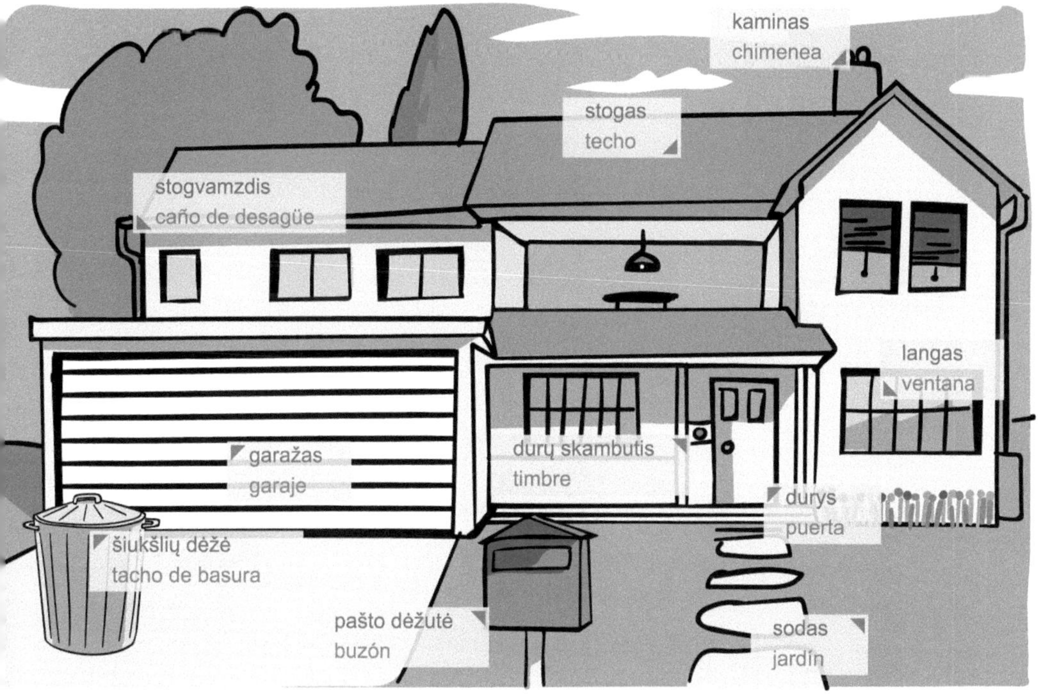

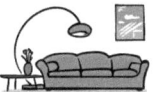

svetainė
....
living

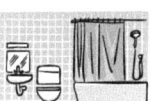

vonios kambarys
....
baño

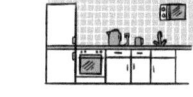

virtuvė
....
cocina

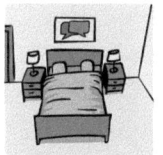

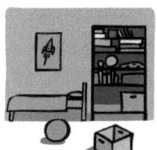

miegamasis
....
dormitorio

vaiko kambarys
....
cuarto de los chicos

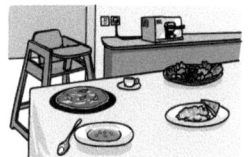

valgomasis
....
comedor

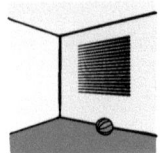

grindys

piso

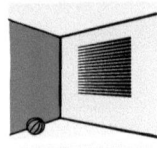

siena

pared

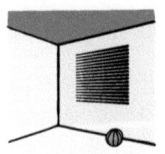

lubos

cielorraso

rūsys

sótano

sauna

sauna

balkonas

balcón

terasa

terraza

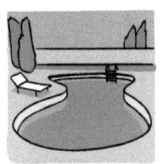

baseinas

pileta

žoliapjovė

cortadora de pasto

paklodė

sábana

lovatiesė

acolchado

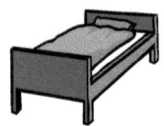

lova

cama

šluota

escoba

kibiras

balde

jungiklis

interruptor

svetainė
living

tapetai
empapelado
nuotrauka
imagen
šviestuvas
lámpara
lentyna
estante
spintelė
armario
televizorius
televisión
židinys
chimenea
gėlė
flor
pagalvėlė
almohadón
sofa
sofá
vaza
florero
nuotolinio valdymo pultelis
control remoto

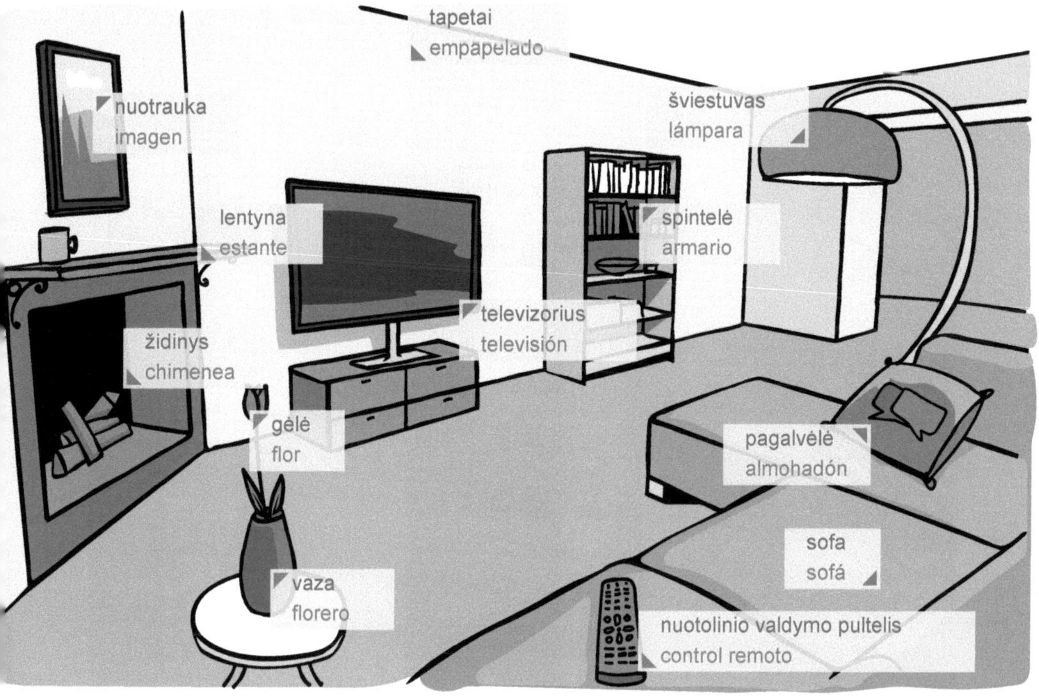

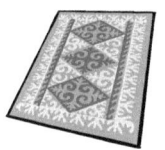

kilimas

alfombra

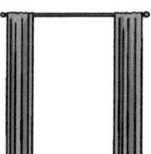

užuolaida

cortina

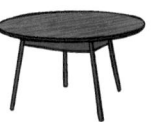

stalas

mesa

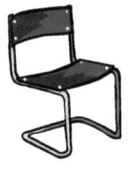

kėdė

silla

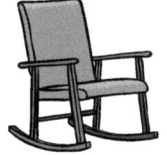

supamasis krėslas

mecedora

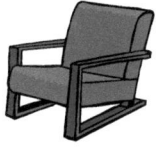

fotelis

sillón

knyga
libro

antklodė
frazada

papuošimai
decoración

malkos
leña

filmas
película

stereo aparatūra
equipo de música

raktas
llave

laikraštis
diario

paveikslas
pintura

plakatas
póster

radijas
radio

užrašų knygelė
cuaderno

dulkių siurblys
aspiradora

kaktusas
cactus

žvakė
vela

virtuvė
cocina

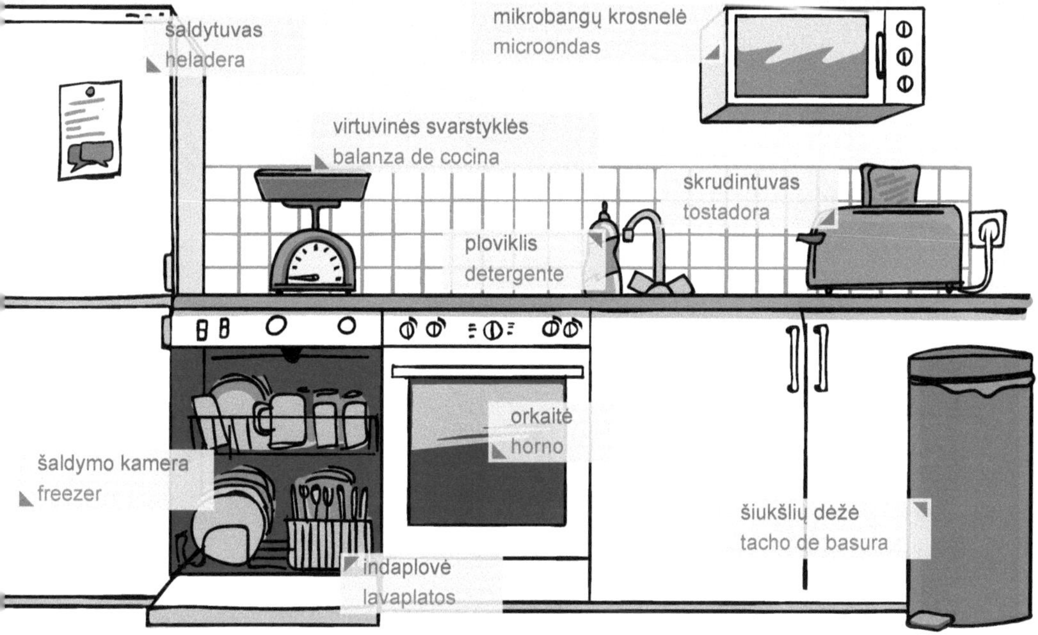
šaldytuvas
heladera
mikrobangų krosnelė
microondas
virtuvinės svarstyklės
balanza de cocina
skrudintuvas
tostadora
ploviklis
detergente
orkaitė
horno
šaldymo kamera
freezer
šiukšlių dėžė
tacho de basura
indaplovė
lavaplatos

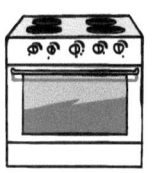

viryklė

cocina

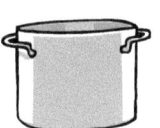

puodas

olla

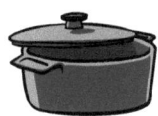

ketaus puodas

olla de hierro fundido

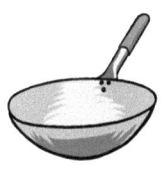

„wok“ keptuvė

wok

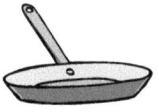

keptuvė

sartén

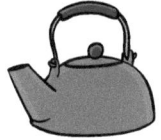

virdulys

pava

garų puodas

vaporera

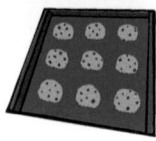

kepimo skarda

bandeja de horno

porceliano indai

vajilla

puodelis

taza

dubuo

bol

valgomosios lazdelės

palitos

samtis

cucharón

mentelė

estpátula

plaktuvas

batidora

koštuvas

colador

sietas

colador

trintuvė

rallador

grūstuvė

mortero

kepsninė

parrilla

atvira liepsna

fogata

pjaustymo lentelė

tabla de picar

kučėlas

palo de amasar

kamščiatraukis

sacacorchos

skardinė

lata

skardinių atidarytuvas

abrelatas

puodkėlė

manopla

kriauklė

pileta

šepetys

cepillo

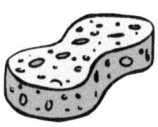

kempinė

esponja

trintuvas

batidora

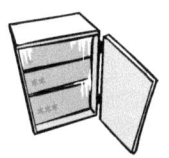

šaldiklis

congelador

kūdikių buteliukas

mamadera

čiaupas

canilla

vonios kambarys

baño

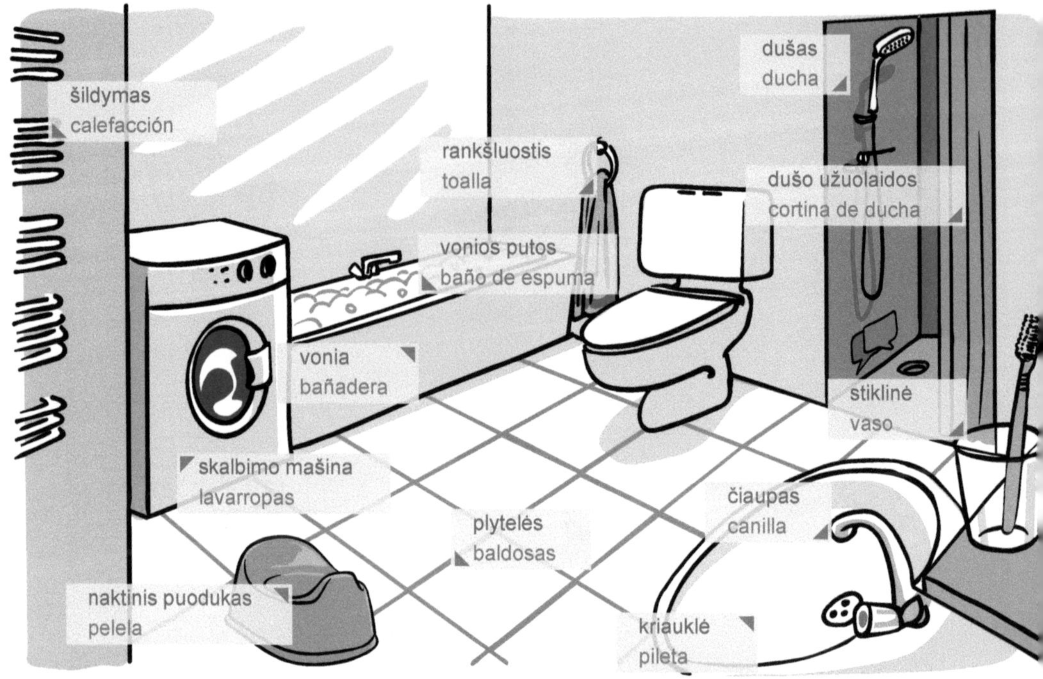

šildymas
calefacción
rankšluostis
toalla
dušas
ducha
dušo užuolaidos
cortina de ducha
vonios putos
baño de espuma
vonia
bañadera
skalbimo mašina
lavarropas
stiklinė
vaso
čiaupas
canilla
plytelės
baldosas
naktinis puodukas
pelela
kriauklė
pileta

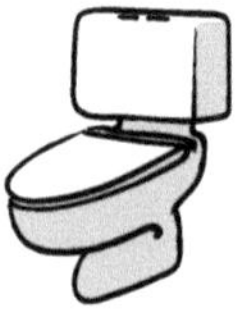

unitazas

inodoro

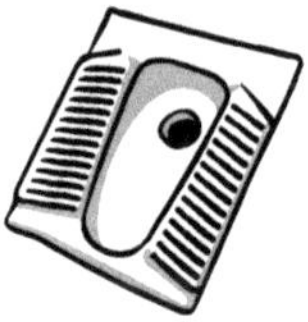

tupimasis unitazas

letrina

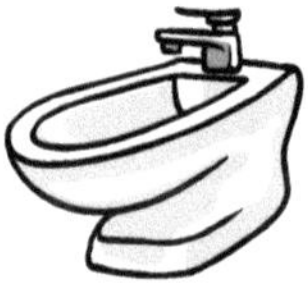

bidė

bidé

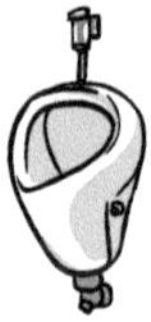

pisuaras

mingitorio

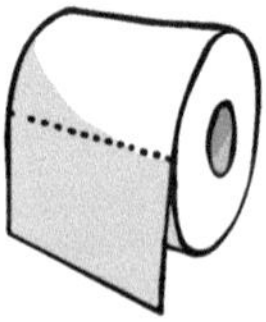

tualetinis popierius

papel higiénico

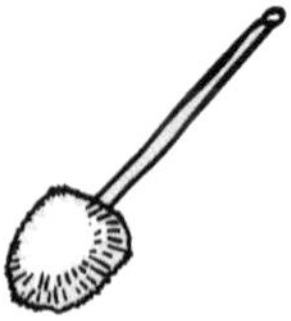

unitazo šepetys

cepillo para el inodoro

dantų šcpetėlis

cepillo de dientes

dantų pasta

dentífrico

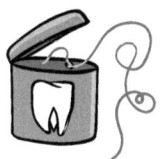

dantų siūlas

hilo dental

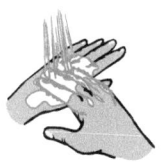

plauti

lavar

dušo galvutė

ducha de mano

higieninis dušas

ducha higiénica

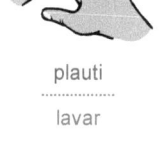

praustuvas

palangana

nugaros plaušinė

cepillo para espalda

muilas

jabón

dušo želė

gel de ducha

šampūnas

shampoo

plaušinė

toallita

kanalizacija

desagüe

kremas

crema

dezodorantas

desodorante

veidrodis

espejo

veidrodėlis

espejito

skustuvas

maquinita de afeitar

skutimosi putos

espuma de afeitar

losjonas po skutimosi

aftershave

šukos

peine

šepetys

cepillo

plaukų džiovintuvas

secador de pelo

plaukų lakas

spray

makiažas

maquillaje

lūpdažis

lápiz de labios

nagų lakas

esmalte para uñas

vata

algodón

žirklutės nagams

tijera para uñas

kvepalai

perfume

maišelis skalbiniams

portacosméticos

taburetė

banqueta

svarstyklės

balanza

chalatas

bata

guminės pirštinės

guantes de goma

tamponas

tampón

higieninis įklotas

toallita femenina

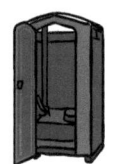

biotualetas

baño químico

vaiko kambarys

cuarto de los chicos

žadintuvas
despertador
pliušinis žaislas
peluche
žaislinė mašinėlė
coche de juguete
barškutis
sonajero
lėlės namelis
casa de muñecas
dovana
regalo

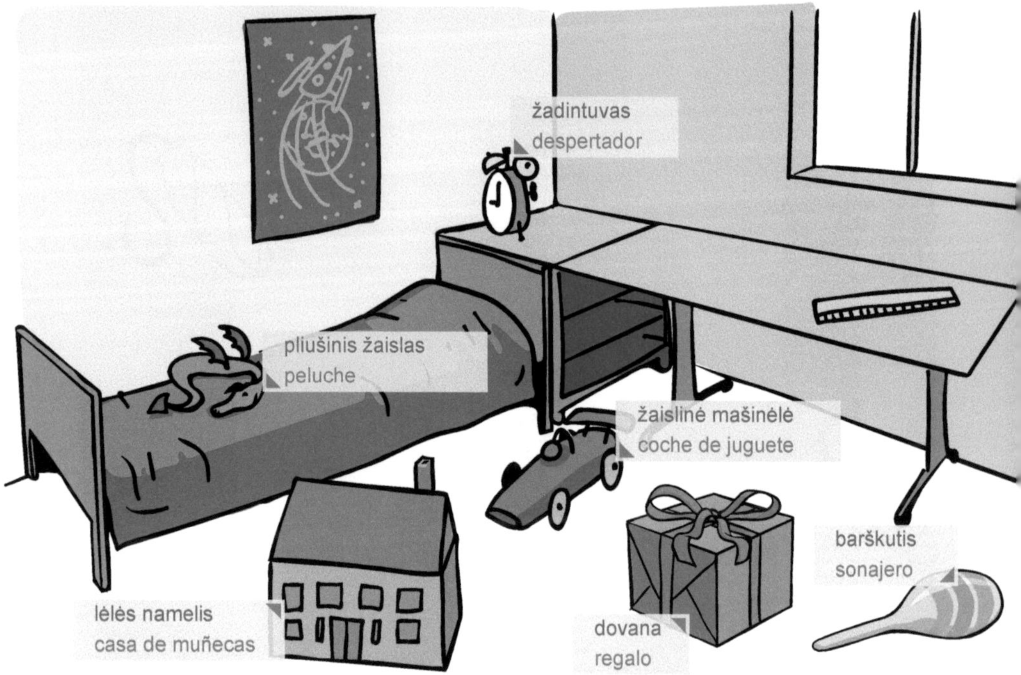

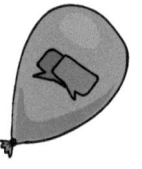

balionas

globo

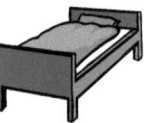

lova

cama

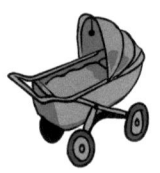

vaikiškas vežimėlis

cochecito

kortų malka

cartas

delionė

rompecabezas

SUPER
MEGA

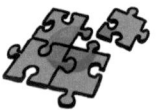

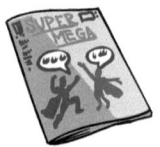

komiksai

historieta

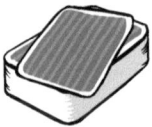

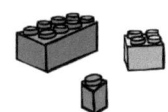

lego kaladėlės

piezas de lego

žaislinės kaladėlės

ladrillos de juguete

figūrėlė

figura de acción

šliaužtinukai

enterito (de bebé)

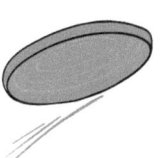

mėtymo lėkštė

frisbee

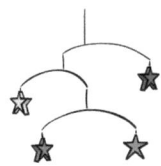

karuselė

móvil para bebés

stalo žaidimas

juego de mesa

kauliukai

dados

žaislinis traukinys

tren eléctrico

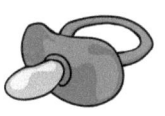

žindukas

chupete

vakarėlis

fiesta

paveiksliukų knygelė

libro de cuentos ilustrado

kamuolys

pelota

lėlė

muñeca

žaisti

jugar

smėlio dėžė

arenero

sūpynės

hamaca

žaislai

juguetes

žaidimų konsolė

consola de videojuegos

triratukas

triciclo

meškiukas

osito de peluche

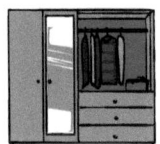

drabužių spinta

armario

drabužis

ropa

kojinės

medias

kojinės virš kelių

medias panty

pėdkelnės

calzas

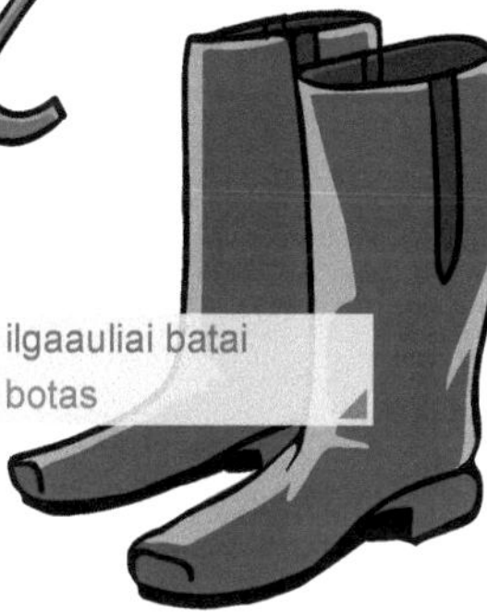

šalikas
bufanda

skėtis
paraguas

diržas
cinturón

marškinėliai
remera

ilgaauliai batai
botas

šlepetės
pantuflas

sportbačiai
zapatillas

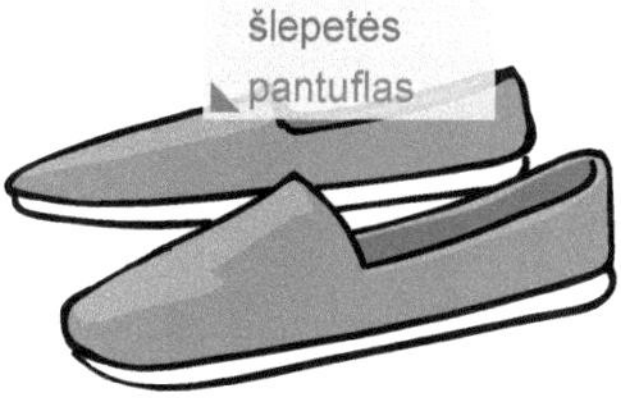

sandalai
sandalias

batai
zapatos

guminiai batai
botas de goma

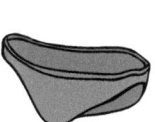

trumpikės
ropa interior

liemenėlė
corpiño

liemenė
chaleco

glaustinukė
body

kelnės
pantalones

džinsai
jeans

sijonas
pollera

palaidinė
blusa

marškiniai
camisa

megztinis
pulóver

megztinis su gobtuvu
buzo

švarkelis
blazer

švarkas
campera

paltas
tapado

lietpaltis
piloto

kostiumas
traje

suknelė
vestido

vestuvinė suknelė
vestido de novia

kostiumas

traje

naktiniai marškiniai

camisón

pižama

pijama

saris

sari

skarelė

pañuelo para cabeza

tiurbanas

turbante

burka

burka

kaftanas

caftán

abaja

abaya

maudymosi kostiumėlis

traje de baño

glaudės

short de baño

šortai

shorts

sportinis kostiumas

jogging

prijuostė

delantal

pirštinės

guantes

saga

botón

akiniai

anteojos

apyrankė

pulsera

vėrinys

collar

žiedas

anillo

auskaras

aro

kepurė

gorra

pakabas

percha

skrybėlė

sombrero

kaklaraištis

corbata

užtrauktukas

cierre

šalmas

casco

breketai

tiradores

mokyklinė uniforma

uniforme escolar

uniforma

uniforme

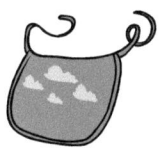

seilinukas
babero

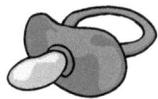

žindukas
chupete

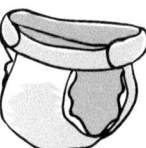

vystyklai
pañal

biuras
oficina

serveris
servidor
dokumentų spinta
archivero
spausdintuvas
impresora
popierius
papel
vaizduoklis
monitor
pelė
mouse
rašomasis stalas
escritorio
aplankas
carpeta
klaviatūra
teclado
šiukšliadėžė
tacho (de basura)
kėdė
silla
kompiuteris
computadora

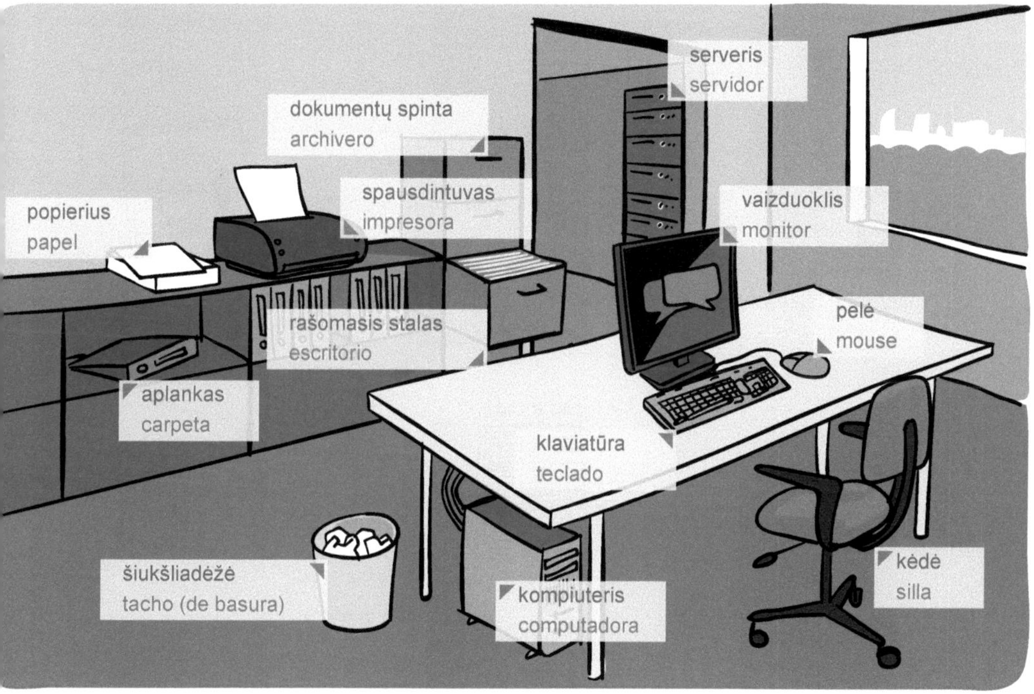

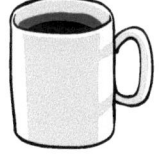

kavos puodelis
taza de café

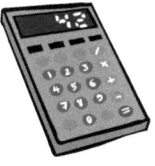

kalkuliatorius
calculadora

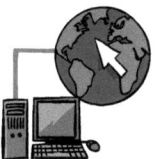

internetas
internet

nešiojamasis kompiuteris

laptop

laiškas

carta

žinutė

mensaje

mobilusis telefonas

celular

tinklas

red

fotokopijavimo aparatas

fotocopiadora

programinė įranga

software

telefonas

teléfono

kištukinis lizdas

tomacorriente

faksas

fax

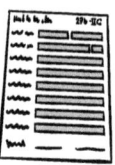

forma

formulario

dokumentas

documento

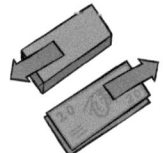

pirkti

comprar

mokėti

pagar

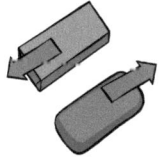

prekiauti

hacer negocios

pinigai

dinero

USD

doleris

dólar

EUR

euras

euro

JPY

jena

yen

RUB

rublis

rublo

CHF

Šveicarijos frankas

franco suizo

CNY

juanis

yuan

INR

rupija

rupia

bankomatas

cajero automático

valiutos keitykla

casa de cambio

auksas

oro

sidabras

plata

nafta

petróleo

energija

energía

kaina

precio

sutartis

contrato

mokestis

impuesto

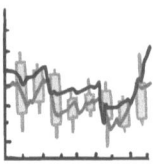

akcijos

acción

dirbti

trabajar

darbuotojas

empleado

darbdavys

empleador

gamykla

fábrica

parduotuvė

negocio

policininkas
policía

ugniagesys
bombero

viréjas
cocinero

gydytojas
médico

lakūnas
piloto

sodininkas

jardinero

stalius

carpintero

siuvėja

modista

teisėjas

juez

chemikas

farmacéutico

aktorius

actor

autobuso vairuotojas

colectivero

taksi vairuotojas

taxista

žvejys

pescador

valytoja

mucama

stogdengys

techista

padavėjas

mozo

medžiotojas

cazador

dailininkas

pintor

kepėjas

panadero

elektrikas

electricista

statybininkas

albañil

inžinierius

ingeniero

mėsininkas

carnicero

santechnikas

plomero

paštininkas

cartero

kareivis

soldado

architektas

arquitecto

kasininkas

cajero

gélininkas

florista

kirpėjas

peluquero

konduktorius

cobrador

mechanikas

mecánico

kapitonas

capitán

odontologas

dentista

mokslininkas

científico

rabinas

rabino

imamas

imán

vienuolis

monje

kunigas

sacerdote

įrankiai
herramientas

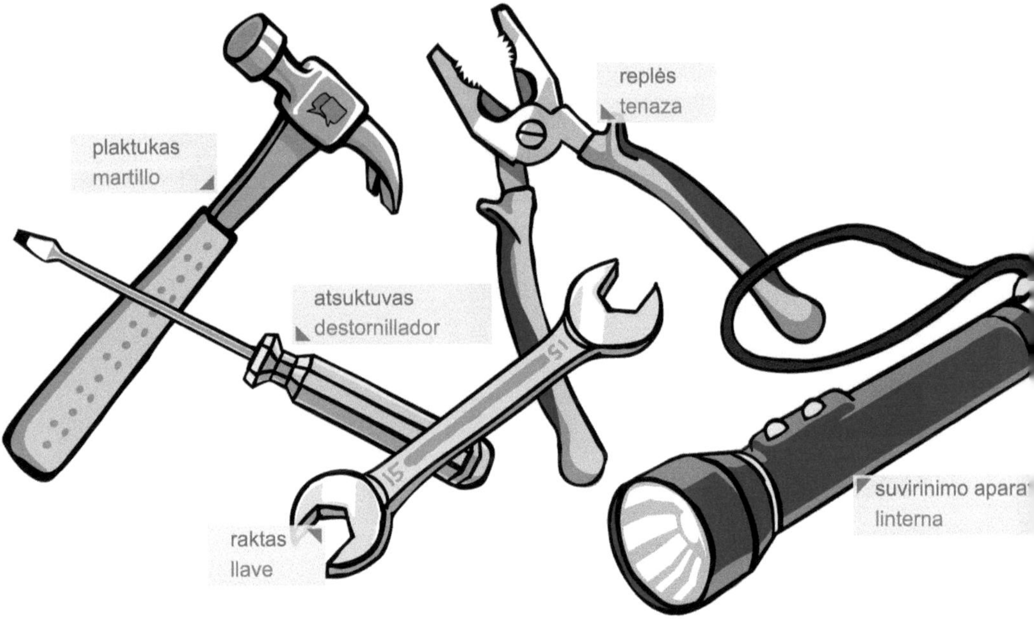
plaktukas
martillo
replės
tenaza
atsuktuvas
destornillador
raktas
llave
suvirinimo apara
linterna

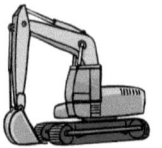

ekskavatorius

excavadora

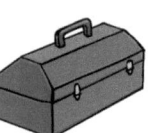

įrankių dėžė

caja de herramientas

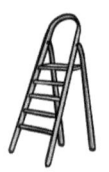

kopėčios

escalera portátil

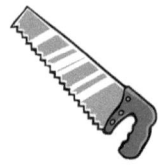

pjūklas

sierra

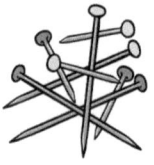

vinys

clavos

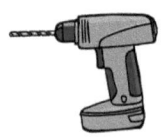

grąžtas

taladro

taısytl
....
arreglar

kastuvas
....
pala de jardín

Velniava!
....
¡Qué bronca!

semtuvėlis
....
pala de plástico

dažų skardinė
....
tacho de pintura

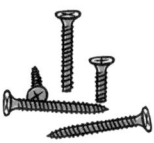

varžtai
....
tornillos

muzikos instrumentai
instrumentos musicales

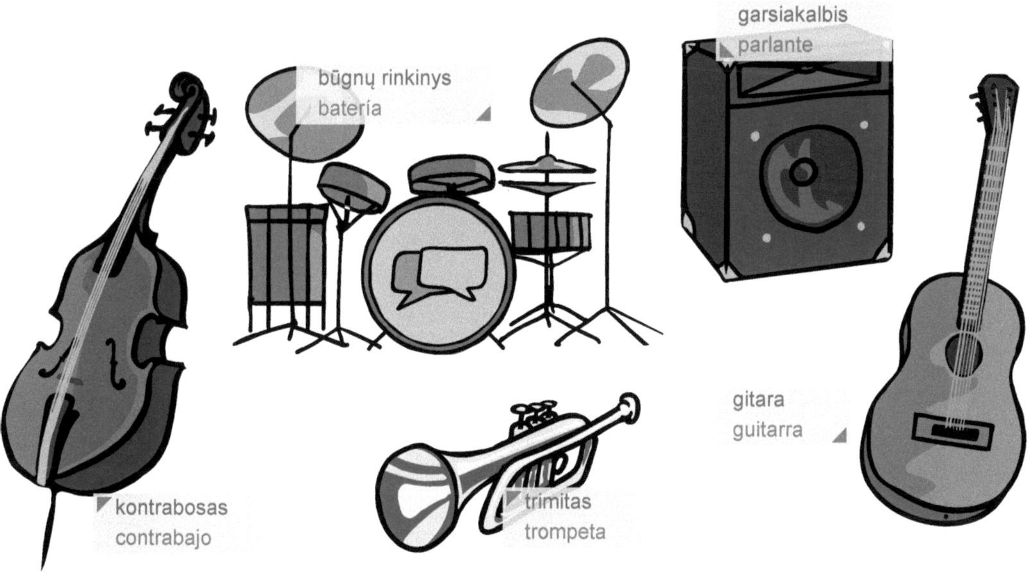

būgnų rinkinys
batería

garsiakalbis
parlante

gitara
guitarra

kontrabosas
contrabajo

trimitas
trompeta

pianinas

piano

smuikas

violín

bosinė gitara

bajo

timpanas

timbales

būgnai

tambor

sintezatorius

teclado

saksofonas

saxofón

fleita

flauta

mikrofonas

micrófono

zoologijos sodas

zoológico

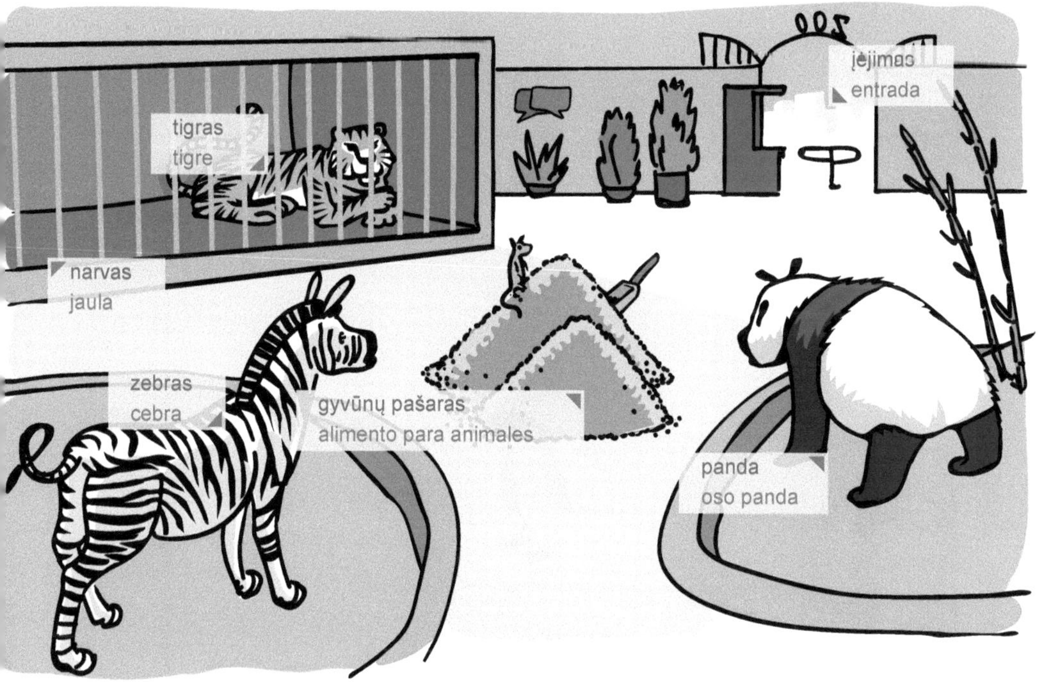

tigras
tigre
įėjimas
entrada
narvas
jaula
zebras
cebra
gyvūnų pašaras
alimento para animales
panda
oso panda

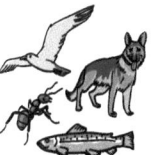

gyvūnai
animales

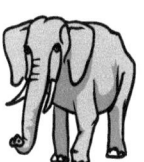

dramblys
elefante

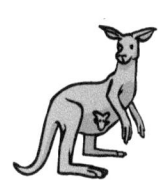

kengūra
canguro

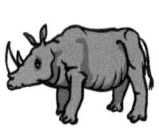

raganosis
rinoceronte

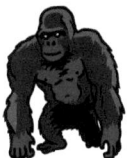

gorila
gorila

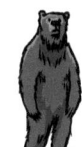

meška
oso

kupranugaris

camello

strutis

avestruz

liūtas

león

beždžionė

mono

flamingas

flamenco

papūga

loro

baltoji meška

oso polar

pingvinas

pingüino

ryklys

tiburón

povas

pavo real

gyvatė

serpiente

krokodilas

cocodrilo

zoologijos sodo prižiūrėtojas

cuidador del zoológico

ruonis

foca

jaguaras

jaguar

ponis

poni

leopardas

leopardo

begemotas

hipopótamo

žirafa

jirafa

erelis

águila

šernas

jabalí

žuvis

pescado

vėžlys

tortuga

vėplys

morsa

lapė

zorro

gazelė

gacela

amerikietiškas futbolas
fútbol americano

dviračių sportas
ciclismo

tenisas
tenis

krepšinis
básquet

plaukimas
natación

boksas
boxeo

ledo ritulys
hockey sobre hielo

futbolas
fútbol

badmintonas
bádminton

atletika
atletismo

rankinis
handball

slidinėjimas
esquí

polas
polo

juoktis
reír

šokinėti
saltar

apkabinti
abrazar

vaikščioti
caminar

dainuoti
cantar

svajoti
soñar

melstis
rezar

bučiuoti
besar

rašyti
escribir

piešti
dibujar

rodyti
mostrar

stumti
presionar

duoti
dar

imti
tomar

turéti

tener

daryti

hacer

būti

ser

stovéti

estar parado

bėgti

correr

traukti

tirar

mesti

tirar

kristi

caer

meluoti

estar acostado

laukti

esperar

nešti

llevar

sėdėti

estar sentado

rengtis

vestirse

miegoti

dormir

pabusti

despertar

žiūrėti

mirar

verkti

llorar

glostyti

acariciar

šukuoti

peinar

kalbėti

hablar

suprasti

entender

paklausti

preguntar

klausytis

escuchar

gerti

beber

valgyti

comer

tvarkytis

ordenar

mylėti

amar

gaminti

cocinar

vairuoti

manejar

skristi

volar

buriuoti

navegar

skaičiuoti

calcular

skaityti

leer

mokytis

aprender

dirbti

trabajar

vesti

casarse

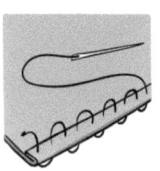

siūti

coser

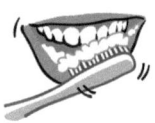

valytis dantis

cepillarse los dientes

žudyti

matar

rūkyti

fumar

siųsti

enviar

senelė
abuela

senelis
abuelo

tėvas
padre

motina
madre

kūdikis
bebé

dukra
hija

sūnus
hijo

svečias

invitado

teta

tía

dėdė

tío

brolis

hermano

sesuo

hermana

kūnas

cuerpo

kakta
frente
akis
ojo
petys
hombro
pirštas
dedo
veidas
cara
smakras
pera
plaštaka
mano
koja
pierna
krūtinė
pecho
ranka
brazo

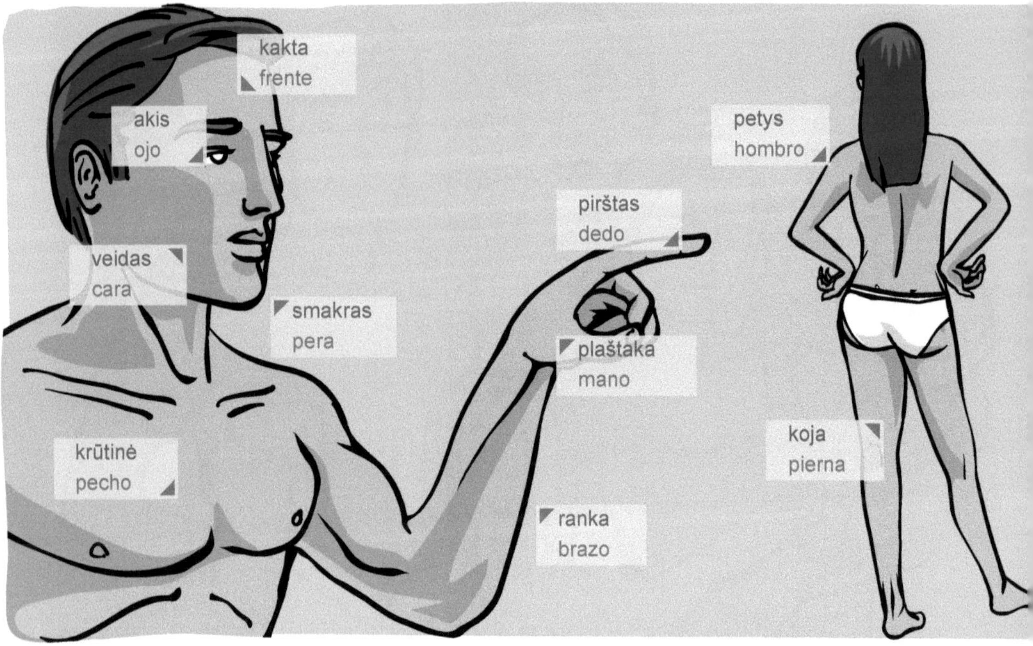

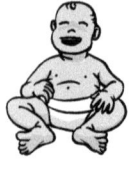

kūdikis

bebé

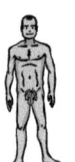

vyras

hombre

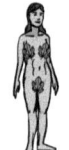

moteris

mujer

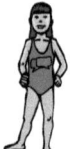

mergaitė

nena

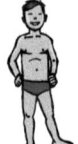

berniukas

nene

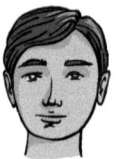

galva

cabeza

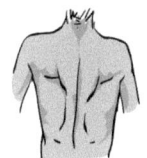

nugara

espalda

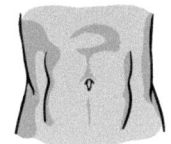

pilvas

panza

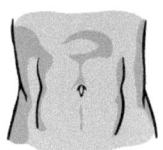

bamba

ombligo

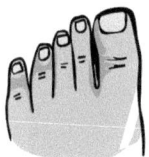

kojos pirštas

dedo del pie

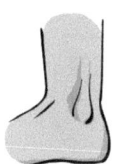

kulnas

talón

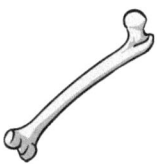

kaulas

hueso

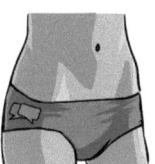

klubas

cadera

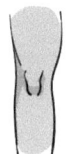

kelis

rodilla

alkūnė

codo

nosis

nariz

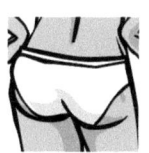

sėdmenys

cola

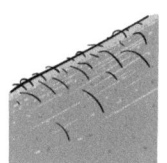

oda

piel

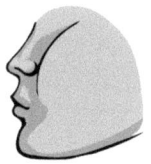

skruostas

cachete

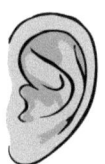

ausis

oreja

lūpa

labio

burna

boca

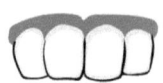

dantis

diente

liežuvis

lengua

smegenys

cerebro

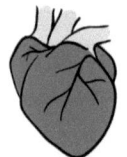

širdis

corazón

raumuo

músculo

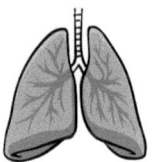

plaučiai

pulmón

kepenys

hígado

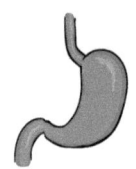

skrandis

estómago

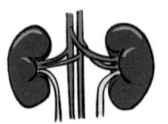

inkstai

riñones

seksas

sexo

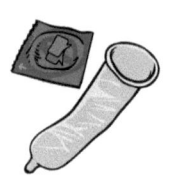

prezervatyvas

preservativo

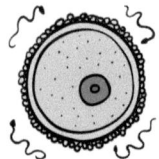

kiaušialąstė

óvulo

sperma

semen

nėštumas

embarazo

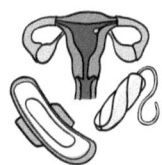

menstruacijos

menstruación

makštis

vagina

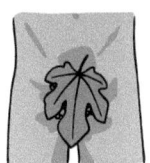

varpa

pene

antakis

ceja

plaukai

pelo

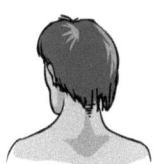

kaklas

cuello

ligoninė
hospital

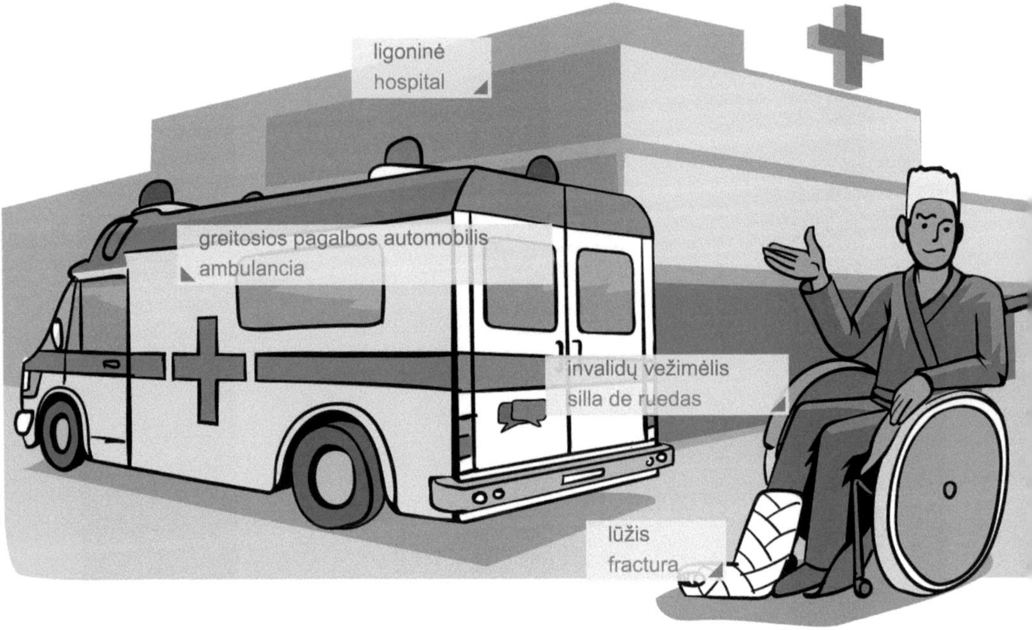

ligoninė
hospital
greitosios pagalbos automobilis
ambulancia
invalidų vežimėlis
silla de ruedas
lūžis
fractura

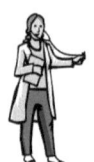

gydytojas

médico

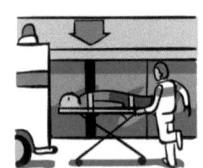

skubios pagalbos skyrius

sala de guardia

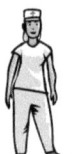

slaugytoja

enfermera

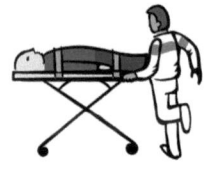

nelaimingas atsitikimas

emergencia

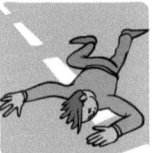

be sąmonės

inconsciente

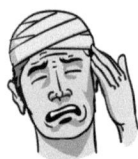

skausmas

dolor

sužalojimas

lesión

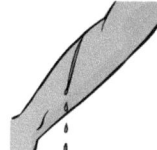

kraujavimas

hemorragia

širdies smūgis

infarto

insultas

ACV

alergija

alergia

kosulys

tos

karščiavimas

fiebre

gripas

gripe

viduriavimas

diarrea

galvos skausmas

dolor de cabeza

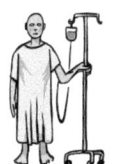

vėžys

cáncer

diabetas

diabetes

chirurgas

cirujano

skalpelis

bisturí

operacija

operación

KT
TC

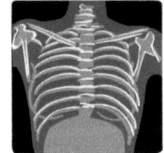

rentgenas
rayos x

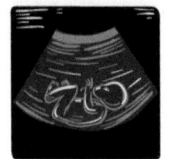

ultragarsas
ecografía

veido kaukė
barbijo

liga
enfermedad

laukiamasis
sala de espera

ramentas
muleta

gipsas
curita

tvarstis
venda

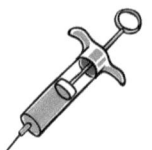

injekcija
inyección

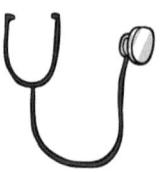

stetoskopas
estetoscopio

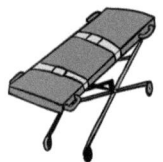

neštuvai
camilla

termometras
termómetro

gimimas
nacimiento

antsvoris
sobrepeso

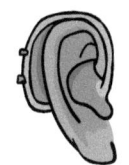

klausos aparatas

audífono

dezinfekavimo priemonė

desinfectante

infekcija

infección

virusas

virus

ŽIV / AIDS

VIH / SIDA

vaistas

remedio

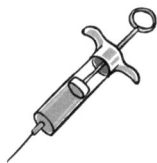

skiepijimas

vacunación

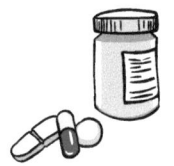

tabletės

comprimidos

piliulė

pastilla anticonceptiva

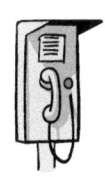

skubios pagalbos numeris

llamada de emergencia

kraujospūdžio matuoklis

tensiómetro

ligotas / sveikas

enfermo / sano

Padėkite!

¡Ayuda!

pavojaus signalas

alarma

užpuolimas

agresión

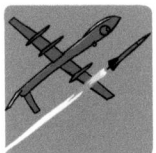

ataka

ataque

pavojus

peligro

avarinis išėjimas

salida de emergencia

Gaisras!

¡Fuego!

gesintuvas

matafuego

nelaimingas atsitikimas

accidente

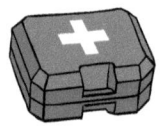

pirmosios pagalbos rinkinys

botiquín de primeros auxilios

SOS

SOS

policija

policía

Europa

Europa

Šiaurės Amerika

América del Norte

Pietų Amerika

América del Sur

Afrika

África

Azija

Asia

Australija

Australia

Atlanto vandenynas

Atlántico

Ramusis vandenynas

Pacífico

Indijos vandenynas

Océano Índico

Pietų vandenynas

Océano Antártico

Arkties vandenynas

Océano Ártico

Šiaurės ašigalis

polo norte

Pietų ašigalis
polo sur

Antarktida
Antártida

Žemė
Tierra

sausuma
tierra

jūra
mar

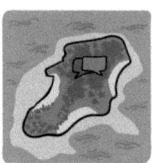

sala
isla

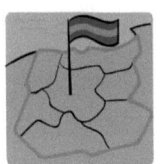

tauta
nación

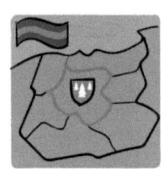

valstybė
estado

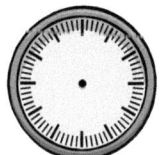

ciferblatas

esfera

valandinė rodyklė

manecilla de las horas

minutinė rodyklė

minutero

sekundinė rodyklė

segundero

Kiek valandų?

¿Qué hora es?

diena

día

laikas

hora

dabar

ahora

skaitmeninis laikrodis

reloj digital

minutė

minuto

valanda

hora

savaitė
semana

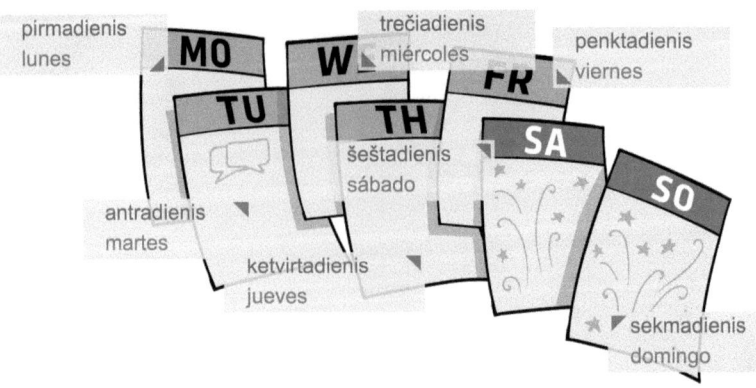

pirmadienis
lunes

trečiadienis
miércoles

penktadienis
viernes

antradienis
martes

šeštadienis
sábado

ketvirtadienis
jueves

sekmadienis
domingo

vakar

ayer

šiandien

hoy

rytoj

mañana

rytas

mañana

vidurdienis

mediodía

vakaras

tarde

MO	TU	WE	TH	FR	SA	SU
1	2	3	4	5	6	7
8	9	10	11	12	13	14
15	16	17	18	19	20	21
22	23	24	25	26	27	28
29	30	31	1	2	3	4

darbo dienos

días hábiles

MO	TU	WE	TH	FR	SA	SU
1	2	3	4	5	6	7
8	9	10	11	12	13	14
15	16	17	18	19	20	21
22	23	24	25	26	27	28
29	30	31	1	2	3	4

savaitgalis

fin de semana

lietus
lluvia

vaivorykštė
arco iris

vėjas
viento

sniegas
nieve

pavasaris
primavera

ruduo
otoño

vasara
verano

žiema
invierno

4.APRIL	11°	☀
5.APRIL	4°	☁
6.APRIL	13°	☁
7.APRIL	8°	☀
8.APRIL	10°	☀

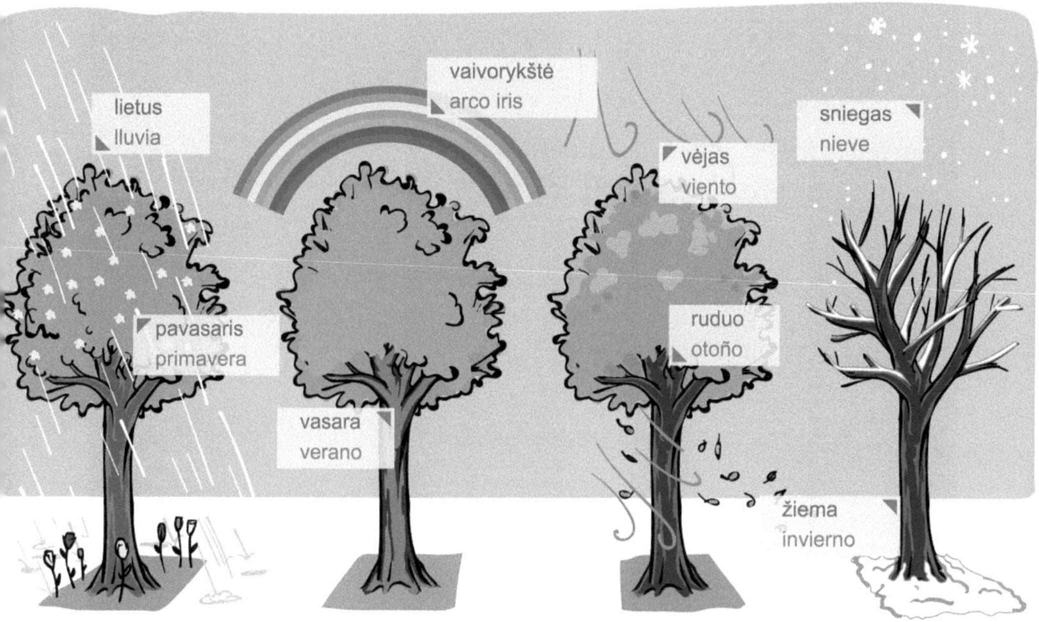

orų prognozė

pronóstico meteorológico

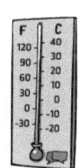

lauko termometras

termómetro

saulės šviesa

luz del sol

debesis

nube

rūkas

niebla

drėgmė

humedad

žaibas

rayo

griaustinis

trueno

audra

tormenta

kruša

granizo

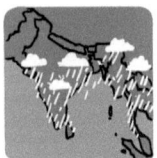

musonas

monzón

potvynis

inundación

ledas

hielo

sausis

enero

vasaris

febrero

kovas

marzo

balandis

abril

gegužė

mayo

birželis

junio

liepa

julio

rugpjūtis

agosto

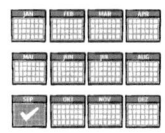

rugsėjis

septiembre

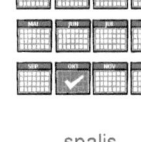

spalis

octubre

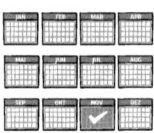

lapkritis

noviembre

gruodis

diciembre

formos

formos
formas

apskritimas

círculo

kvadratas

cuadrado

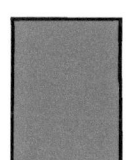

stačiakampis

rectángulo

trikampis

triángulo

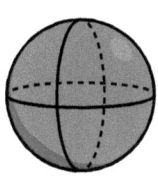

sfera

esfera

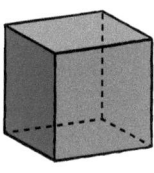

kubas

cubo

balta

blanco

geltona

amarillo

oranžinė

naranja

rožinė

rosa

raudona

rojo

violetinė

violeta

mėlyna

azul

žalia

verde

ruda

marrón

pilka

gris

juoda

negro

daug / mažai
mucho / poco

piktas / ramus
enojado / tranquilo

gražus / bjaurus
lindo / feo

pradžia / pabaiga
principio / fin

didelis / mažas
grande / chico

šviesus / tamsus
claro / oscuro

brolis / sesuo
hermano / hermana

švarus / purvinas
limpio / sucio

užbaigtas / neužbaigtas
completo / incompleto

diena / naktis
día / noche

miręs / gyvas
muerto / vivo

platus / siauras
ancho / angosto

valgomas / nevalgomas

comestible / no comestible

piktas / malonus

malo / amable

linksmas / nuobodus

entusiasmado / aburrido

storas / plonas

gordo / flaco

pirmiausia / paskiausia

primero / último

draugas / priešas

amigo / enemigo

pilnas / tuščias

lleno / vacío

kietas / minkštas

duro / blando

sunkus / lengvas

pesado / liviano

alkis / troškulys

hambre / sed

ligotas / sveikas

enfermo / sano

nelegalus / legalus

ilegal / legal

protingas / kvailas

inteligente / estúpido

kairė / dešinė

izquierda / derecha

arti / toli

cerca / lejos

naujas / naudotas

nuevo / usado

niekas / kažkas

nada / algo

senas / jaunas

viejo / joven

įjungta / išjungta

encendido / apagado

atidaryta / uždaryta

abierto / cerrado

tylus / garsus

silencioso / ruidoso

turtingas / vargšas

rico / pobre

teisus / neteisus

correcto / incorrecto

šiurkštus / švelnus

áspero / suave

liūdnas / laimingas

triste / contento

trumpas / ilgas

corto / largo

lėtas / greitas

lento / rápido

drėgnas / sausas

mojado / seco

šiltas / šaltas

caliente / frío

karas / taika

guerra / paz

0

nulis

cero

1

vienas

uno

2

du

dos

3

trys

tres

4

keturi

cuatro

5

penki

cinco

6

šeši

seis

7

septyni

siete

8

aštuoni

ocho

9

devyni

nueve

10

dešimt

diez

11

vienuolika

once

12

dvyllka

doce

13

trylika

trece

14

keturiolika

catorce

15

penkiolika

quince

16

šešiolika

dieciséis

17

septyniolika

diecisiete

18

aštuoniolika

dieciocho

19

devyniolika

diecinueve

20

dvidešimt

veinte

100

šimtas

cien

1.000

tūkstantis

mil

1.000.000

milijonas

millón

anglų

inglés

amerikiečių anglų

inglés americano

kinų (mandarinų)

chino mandarín

hindi

hindi

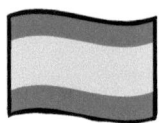

ispanų

español

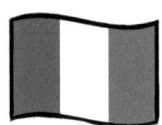

prancūzų

francés

arabų

árabe

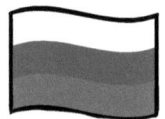

rusų

ruso

portugalų

portugués

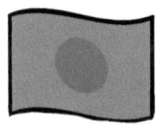

bengalų

bengalí

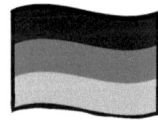

vokiečių

alemán

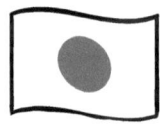

japonų

japonés

aš

yo

tu

vos

jis / ji

él / ella

mes

nosotros

jūs

ustedes

jie

ellos

kas?

¿quién?

ką?

¿qué?

kaip?

¿cómo?

kur?

¿dónde?

kada?

¿cuándo?

vardas

nombre

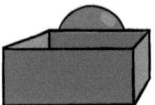

už
....
detrás

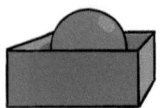

kur (vieta)
....
en

priešais
....
adelante de

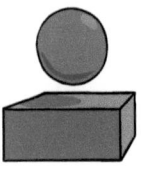

virš
....
por encima de

ant
....
sobre

po
....
debajo de

prie
....
al lado de

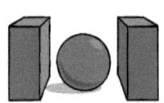

tarp
....
entre

vieta
....
lugar